UNIVERSITÉ DE FRANCE.

ACADÉMIE DE STRASBOURG.

# THÈSE
# POUR LA LICENCE,

PRÉSENTÉE

## A LA FACULTÉ DE DROIT DE STRASBOURG,

ET SOUTENUE PUBLIQUEMENT

LE JÉUDI 12 AOUT 1852, A 3 HEURES,

PAR

## ÉDOUARD GAUCKLER,

DE WISSEMBOURG (BAS-RHIN),

BACHELIER ÈS LETTRES ET EN DROIT.

STRASBOURG,

IMPRIMERIE DE G. SILBERMANN, PLACE SAINT-THOMAS, 3.

1852.

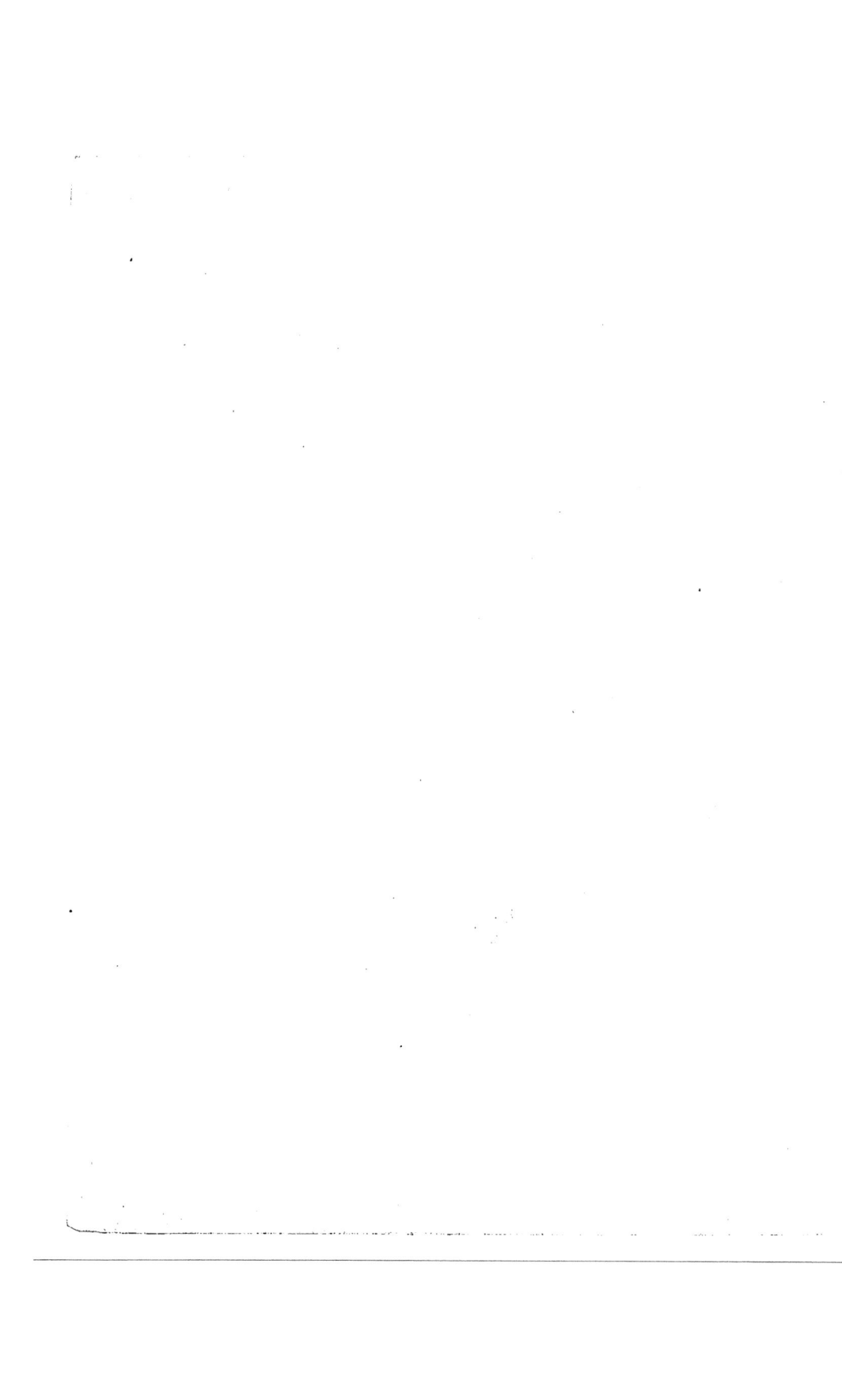

# A MON PÈRE.

# A MA MÈRE.

*Piété filiale.*

E. GAUCKLER.

# FACULTÉ DE DROIT DE STRASBOURG.

| NOMS DES PROFESSEURS. | MATIÈRES ENSEIGNÉES. |
|---|---|
| MM. Aubry ✳, Doyen. . . . . . . . | Droit civil français. |
| Rauter O✳, Doyen honoraire . | Droit criminel et procédure civile. |
| Hepp ✳ . . . . . . . . . . . . | Droit des gens. |
| Heimburger . . . . . . . . . . | Droit romain. |
| Thieriet ✳ . . . . . . . . . . | Droit commercial. |
| Schützenberger ✳. . . . . . . | Droit administratif. |
| Rau ✳. . . . . . . . . . . . . | Droit civil français. |
| Eschbach . . . . . . . . . . . | Droit civil français. |

M. Blœchel ✳, professeur honoraire.

MM. Destrais, &#125; professeurs suppléants.
Luquiau, &#125;

M. Bécourt, officier de l'Université, secrétaire, agent comptable.

Président de la thèse, M. Aubry.

Examinateurs : MM. &#123; Aubry.
Hepp.
Heimburger.
Destrais.

*La Faculté n'entend ni approuver ni désapprouver les opinions particulières au candidat.*

# JUS ROMANUM.

## DE JURE DOTIUM.

### De dote.

Dos, quæ nuptiis accedere solet, denotat quidquid bonorum a muliere vel nomine ejus adfertur marito ad sustinenda matrimonii onera
(L. 20, *C. De jure dotium*). Dixi ad sustinenda matrimonii onera, dos
enim, si matrimonii oneribus non serviat, nulla est.

Constituitur dos omni tempore, vel ante vel post nuptias; illo tamen
casu sub tacita conditione si nuptiæ sequantur; dos enim non sine
matrimonio, sed matrimonium sine dote esse potest (*Fr. 3, D. h. t.*).

Varie illa dividitur. Respectu personarum dotem constituentium
dicitur: profectitia, quæ a patre vel parente profecta est de bonis, vel
facto ejus; adventitia, quæ ab alio quocumque constituta.

Mortua in matrimonio muliere, dos a patre profecta ad patrem re-
vertitur, quintis in singulos liberos in infinitum relictis penes virum.
Quod si pater non sit apud maritum remanet (Ulp. *Frag.*, tit. 6, §§ 4,
5). Adventitia autem dos semper penes maritum remanet; præterquam
si is, qui dedit, ut sibi redderetur stipulatus fuerit; quæ dos specialiter
receptilia dicitur.

1

Dividitur etiam dos in voluntariam quam mater, aliusve dat pro libitu, et necessariam quam lex imperat (L. 19 ff, *D. De ritu nupt.*). Porro in promissam quam præstare placuit, sed nondum præstita vel tradita est, et constitutam, cujus possessio est translata (L. 1 et L. 6, *C. De dot. promiss.*). In codice etiam peculiaris titulus extat, ubi maritus spe futuræ numerationis se dotem accepisse confessus est, quam tamen non accepit. Hoc casu exceptio non numeratæ dotis ipsi competit; quæ, si matrimonium biennium solutum fuerit, intra annum: si post biennium usque ad decimum, intra tres menses opponi debet; si vero matrimonium post decennium solvatur, tam facile opponi nequet.

Additur denique divisio dotis in æstimatam et in non æstimatam.

*Quæ res in dotem dari possunt et de juribus conjugum.*

Quæcumque res marito profuit ad onera matrimonii sustinenda, illa in dotem dari potest. Si consistit in quantitate, ad maritum dominium plenum pertinet, hinc maritus periculum sustinet, ac soluto matrimonio non eandem sed similem rem restituit, si vero consistit in specie aliquâ, id est, re non fungibili, maritus quidem dominium aliquod consequitur, non tamen omnia emolumenta percipit, sed tantum ordinaria, id est fructus, non extraordinaria veluti. thesaurum (L. 7, § 12 ff, *De solut. matrim.*).

Et quia hoc dominium singularem plane naturam habet, et revera non differt ab usufructu, nisi in hoc, quod maritus rem dotalem penes tertium existentem vindicare queat, et quod possessio bonorum dotalium immobilium a cautionis præstatione liberet, illud dominium civile vocatur et uxoris naturale saltem attribuitur, quippe cujus exercitium quiescit durante matrimonio.

Hâc occasione in quæstionem deducitur an fundus ex dotali pecuniâ a marito emptus ita sit dotalis, ut alienari nequeat? Ego amplector sententiam negativam, atque ille tantum, me judice, pro fundo do-

tali accipitur qui in dotem est datus marito, cum uxor illi nuberet.
Jam vero supponendo marito datam fuisse pecuniam dotalem, hæc
sane suffragantibus omnibus juribus a marito alienari, et in usum
quemcumque conferri potest; respondet enim pro solâ pecuniâ, et est
debitor generis; similem ergo pecuniam soluto matrimonio præstans
obligatione suâ liberatur. Accedit quod in plurimis articulis surrogata
transeat in conditionem ejus rei, cui surrogata est; censetur itaque
fundus adhuc esse naturæ ejus, cujus fuit pecunia, id est, naturæ rerum alienabilium.

Maritus licet dominio dotis civili gaudeat minimè tamen ipsi per-
missum est alienare fundum dotalem, nisi æstimato fuerit datus, aut
muliere ad alienationem ita consenserit, ut lapso biennio eam ratam
habuerit; modo alia mariti bona adsint, ex quibus uxori satisfieri
queat. Alienatio subsit necessaria si fundus dotalis cum alio sit com-
munis, et socius ad divisionem provocet.

Onera mariti, quæ jus dotis concomitantur, sunt cura et custodia
rei dotalis, nec non ut ipse impendia fructuum colligendorum præs-
tet, onera publica, tributa atque collectas solvat. Hæc enim omnia
illi incumbunt, qui possessiones tenere, et fructus percipere solet.

Mulieri non solum tacita in bonis mariti hypotheca pro conserva-
tione dotis suæ competit, verum etiam ob privilegium causæ omnibus
mariti creditoribus et prioribus at posterioribus tam expressam, quam
tacitam hypothecam habentibus præfertur (L. 12, C. Qui pot. in pign.
hab.).

Marito quoque ratione rerum dotalium variæ competunt actiones:
Rei vindicatio, vi cujus dotem amissam a quocumque possessore potest avocare; si dos furto fuerit ablata, eam condictione furtiva a fure
repetere, sique damnum vel injuriam res dotalis fuerit passa, actione
legis aquiliæ vel injuriarum experiri potest.

*De dotis restitutione.*

Cùm dos sine matrimonio non sit, eaque nullum alium in finem, nisi ad ferenda matrimonii onera detur; consequens est, ut non, constante, certe tamen soluto matrimonio repeti possit, nisi uxor ad alendam se suosque necessario dote indigeat, aut maritus ad inopiam vergat (L. 73, § 1, *D. De jure dol.*). Tale enim matrimonium ita accipiendum est, quasi esset solutum, uxorique dotis petitio competit. Sed quid, si maritus nondùm obæratus sed tantum facultatibus suis labi, maleque substantiâ suâ uti incipiat? et dotis petitio in locum tamen esse ex nov. 97, cap. ult. credimus.

Si constante matrimonio, a marito dos sine causa legitima refusa est, quod legibus stare non potest, quia donationis instar perspicitur obtinere, eadem uxore defuncta ab ejus heredibus cum fructibus ex die refusæ dotis merito restituenda (L. 1, *C. Si dos constante matr. solut. fuerit*).

Dos si pondere, numero, mensura contineatur, annua, bima, trima die redditur; nisi ut præsens reddatur convenerit (Ulp. *Frag.*, tit. 6, § 58).

Reliquæ dotes statim redduntur. Fructus ultimi anni in immobilibus pendentes pro rata temporis restituuntur. Actio quam uxor ad repetendam dotem instituit, olim actio rei uxoriæ vocabatur, pro quà Justinianus actionem ex stipulatu instituit. Olim quoque judicium de moribus in usu erat, quo maritus ob mores uxoris pravos et inhonestos dotem retinebat, quod sublatum in tit. *C. De repud. et jud. de mor. subl.*

Quemadmodum dos soluto matrimonio uxori merito est restituenda; ita et maritum jure procul dubio impensas, non quidem fructuum percipiendorum causa, sed in ipsas res dotales factas repetit. Secernendæ autem sunt impensæ fructuum causâ factæ ab iis, quæ ipsam rem dotalem respiciunt. Impensas prioris generis maritus non repetit:

cum enim ipse fructus percipiat, non immerito ad expensas eorum causa factas est adstringendus. Quod impensas in rem ipsam dotalem factas attinet, secernendæ sunt necessariæ ab utilibus et voluptuariis. Necessarias maritus repetere potest, utiles jure digestorum deducit; si consensu aut voluntate uxoris fuerint factæ, aut mulier easdem aliumve solvere queat. Impensas voluptuarias, licet voluntate mulieris sint factæ, maritum non exigere, sed tantum tollere potest; quod ei licet dum res dotalis salva et integra sit; alias uxori erunt relinquendæ (L. 1, § 2 et L. 3, *De imp. in res dot. fact.*).

## *De paraphernis.*

Bona quæ non in mariti dominium transibant, sed uxori manebant, parapherna dicuntur, græce παρα-φερνη.

A bonis dotalibus differunt paraphernalia quæ propter dotem ad maritum intulit uxor. Horum intuitu marito, prohibente muliere, nec dominium nec ususfructus, imo nequidem administratio competit. Tenetur interim maritus fructus ex paraphernalibus ad communes familiæ usus adplicare. In dubio bona præsumuntur paraphernalia, bona enim dotalia certum pactum supponunt, quod in facto consistit atque adeò probari debet.

## *De pactis dotalibus.*

Pacta de dote aliisque matrimonii juribus, quæ sibi conjuges stipulari solent, inita, dicuntur pacta dotalia. Ineuntur ea duplici modo: vel enim per modum ultimæ voluntatis, quandò talia verba dispositiva adhibentur, quæ alias in ultimis voluntatibus communister solent adhiberi. Hæc quinque testium præsentiam requirunt, et testamenti instar vel codicillorum, quocumque tempore revocari possunt etiam ab uno conjuge, altero invito. Vel ineuntur pacta dotalia per modum contractus, quando paciscentes verba ad contractus et negotia inter vivos quadrantia adhibent, veluti quod superstes conjux in casu mortis omnia, vel aliqua bona retinere, vel habere debeat. Hæc non revocantur unius dissensu, nisi propter eas causas (L. 1, *C. De inoff. donat.*) : si donatio est inofficiosa, id est liberi legitimam non habent solvam; si conditionem, vel modum adjectum donatarius non implevit (L. 10, *C. De revoc. donat.*) ; item si ingratus existit ex his quatuor causis : quia atroces injurias in donantem effudit; manus impias ei intulit; magnæ parti bonorum jacturam inferre voluit; vel vitæ insidias struxit.

His pactis scriptura et testes non requiruntur, nisi ad meliorem probationem. Quoad tempus, extraneus, qui dotem dat, pacisci potest in ipsa dotis constitutione, postquam autem dotem dedit, paciscendi facultatem non amplius habet, nisi muliere consentiente, quippè in quam jus suum semel transtulit et sic dominium rei datæ amisit (L. 20, § 1, *D. De part. dot.*). E contrario autem ipsa uxor quocumque tempore pacisci potest, quamvis enim dotem marito dederit, dominium tamen naturale nihilominus retinet, atque ita de re alienâ non paciscitur uti quidem extraneus.

Valent pacta quocumque modo, hoc tamen excepto, ne dotis conditio, si uxor supervixerit deterior reddatur (L. 14, *D. h. t.*), vel ne dos omnino reddatur, vel, ut longiore die solvatur (L. 16, *h. t.*). Ita quoque non valet pactum, ut fructus in dotem convertantur, quia mulier fieret indotata, id est, maritus ex dote nihil consequeretur et sic perinde esset, ac si uxor nullam dotem adtulisset, nisi forte hoc adjiciatur, quod mulier ipsa se, suosque alere et universa onera sua expedire debeat (L. 4, *h. t.*). Non convenire potest ne de moribus agatur, vel plus vel minus exigatur; ne publica coercitio privata collatione tollatur; neque illa quidem servanda sunt pacta, quæ ob res donatas vel amotas agant; quia altero pacto ad furendum mulieres invitantur, altero jus civile expugnatur.

Et si convenerit ob impensas necessarias in conventis non manendum est, quia tales impensæ dotem ipso jure minuunt. Pacta dotalia

per modum ultimæ voluntatis concepta nullam requirunt insinuatio-
nem, licet donationem in casu mortis contineant (L. 4, *C. De mortis
causa donat.*).

Si per modum contractus concepta et maritus ex iis ultra quingenta
solidos lucrari velit, insinuatione opus est, quia donatio simplex adest.
Judex interim, antequam donationem confirmet, ad duo respicere
debet, ad personam donantis, utrum ille necessaria vitæ subsidia
retineat, an non, et ad personam donatarii, utrum sit honestæ vitæ
et honestis moribus prædita, an vero levis. Si alter utrum deficit, con-
firmationem decernere non debet (L. 36, § 3, *C. De donat.*).

Si vero uxor aliquid lucratur, insinuandi necessitas cessat, quia
donatio remuneratoria censetur.

# DROIT CIVIL FRANÇAIS.

## DE LA COMMUNAUTÉ EN GÉNÉRAL, DES CONVENTIONS EXCLUSIVES DE COMMUNAUTÉ ET DE LA SÉPARATION DE BIENS.

### CHAPITRE PREMIER.

#### Introduction, et de la communauté en général.

Lors de la rédaction du Code Napoléon, la France se divisait en pays de Droit écrit et en pays de Droit coutumier. Dans les premiers on suivait la législation romaine, d'après laquelle tous les biens de la femme se divisaient en dotaux et en paraphernaux, et qui n'admettait de société de biens qu'autant qu'elle avait été expressément stipulée. Dans les autres, au contraire, il se formait par le fait même du mariage une société de biens, réglée différemment, suivant les différentes coutumes. De plus, les contractants pouvaient modifier ce régime selon leurs convenances et même s'y soustraire complétement.

Il y avait donc d'un côté le régime dotal et de l'autre le régime de communauté; deux systèmes entre lesquels il fallait choisir celui qui formerait le Droit commun de la France et régirait, par conséquent, les associations conjugales si nombreuses qui se forment sans contrat.

Les partisans des deux systèmes se trouvènet enr présence, et ce ne fut qu'après de longues et vives discussions que le régime de communauté obtint la préférence. Ce régime fut donc organisé par un grand nombre de dispositions. La matière fut divisée en deux chapitres : le premier contenait la communauté légale et conventionnelle; le second traitait du régime sans communauté, embrassant : 1° la séparation de biens dans laquelle le mari conserve l'administration des biens de la femme, et 2° la séparation absolue des biens. Le régime dotal rentrait donc dans le cas de séparation de biens dans laquelle le mari conserve l'administration des biens de la femme.

Cette division toute logique ne fut pas admise. Les partisans du régime dotal crurent leur régime anéanti et sacrifié au régime de communauté. On céda aux instances des députés méridionaux et le régime dotal eut l'honneur d'être traité dans un chapitre séparé. Dès lors le projet fut accepté, mais sa division manqua absolument de méthode.

L'art. 1391 du Code Napoléon semble dire qu'il n'y a que deux espèces d'association conjugale; cependant tous les auteurs en reconnaissent quatre; savoir: le régime de la communauté légale ou conventionnelle; le régime dotal; le régime simplement exclusif de communauté, et enfin le régime de séparation de biens.

La communauté conjugale est une espèce de société de biens qu'un homme et une femme contractent lorsqu'ils se marient (Pothier, *De la communauté,* n" 1). Fondée sur la nature même du mariage, cette communauté ou société de biens se rattache aux instincts primitifs. Dans toute société, en effet, où la famille a reposé moins sur une idée de puissance absolue que sur les liens du sang, et qui, s'écartant de la règle romaine, n'a pas reconnu le pouvoir despotique du mari, on conçoit qu'à l'origine des choses, l'homme et la femme, en associant leur existence, ont dû mettre en commun ce qu'ils possédaient l'un et l'autre. « Le mariage emporta d'abord, sans qu'il fût besoin de stipulation,

« communauté de biens, comme il établissait communauté de vie et
« d'existence. L'épouse mit tout ce qui était en son pouvoir sous la
« main du protecteur qu'elle avait recherché, ou aux pieds du bien-
« aimé qu'elle se donnait. L'époux partagea tout ce qu'il possédait avec
« la plus belle et la meilleure partie de lui-même, avec l'économe, l'or-
« donnatrice de sa maison, la mère de ses enfants. Ceux-ci, lorsqu'ils
« vinrent à perdre l'un des auteurs de leurs jours, ou continuèrent
« à vivre en communion avec le survivant, ou lui donnèrent, en se sé-
« parant, une part des biens dont ils l'avaient vu jouir » (Discours de
M. Siméon au Corps législatif, voy. Locré, t. XIII, p. 446). La seule
autorité du fait formait alors entre les époux une société de biens qui
s'établissait accessoirement au mariage, et à laquelle les législateurs
empruntèrent l'idée de communauté, lorsque, plus tard, l'augmenta-
tion des richesses et l'inégalité des fortunes firent sentir la nécessité de
soumettre cette association à la loi positive, et de la protéger contre
les dangers et les fraudes que pouvaient susciter l'amour du gain et
l'esprit de spéculation.

Le caractère distinctif de la communauté sous l'empire du Code
Napoléon, c'est que certains biens possédés par les époux avant leur
mariage ou acquis depuis, deviennent communs à tous deux, pour être
partagés entre eux et leurs représentants à la dissolution de la communauté, ou, en cas de convention expresse, appartenir au survivant.

La communauté se divise en légale et conventionnelle : la première
s'établit, soit par la simple déclaration qu'on se marie sous le régime
de la communauté, soit par l'absence, dans le contrat de mariage, de
toute stipulation de régime, soit par l'absence absolue de contrat (C. N.,
art. 1400). Quant à la communauté conventionnelle, elle n'est rien
autre chose que la communauté légale maintenue comme principe du
régime adopté par les parties, mais modifié dans l'application par des
règles particulières dont les contractants conviennent entre eux, et qui
dérogent plus ou moins aux règles tracées par la loi pour la communauté légale.

La communauté conventionnelle n'étant autre chose qu'une communauté légale modifiée par la convention des parties, la communauté pourra être à la fois légale et conventionnelle. Ainsi, les parties n'ont-elles prévu que quelques dispositions particulières, en stipulant une société de biens entre eux, la communauté est mixte par cela même ; conventionnelle relativement aux clauses particulières qui ont été stipulées, elle est légale pour le surplus. C'est ce qui résulte clairement de l'art. 1528 du Code Napoléon.

Sous le régime dotal, le mari a l'administration et la jouissance des biens dotaux de la femme, sans que ces biens puissent être aliénés, à moins de stipulation contraire.

Dans le régime simplement exclusif de communauté, le mari a l'administration et la jouissance des biens de la femme, sans que ces biens cessent d'être à la libre disposition des époux.

Enfin, dans le régime de séparation de biens, le mari ne jouit d'aucun des revenus de la femme, dont les biens restent aliénables, comme dans le régime précédent.

C'est de ces deux derniers régimes que nous allons nous occuper spécialement, mais avant, nous poserons deux questions applicables à tous les régimes.

La première porte sur l'espace de temps que le régime adopté doit régir; dans la seconde, il s'agit de savoir si les époux peuvent convenir que jusqu'à telle époque ou tel événement, ils seront mariés sous un régime et après cette époque ou cet événement sous un autre?

Le contrat de mariage ayant pour objet de régler l'association conjugale, il ne peut, quant à ses effets, ni précéder cette association, ni lui survivre. Ainsi, les époux ne pourraient convenir que la communauté commencera avant le mariage (art. 1399), ni qu'après le mariage elle pourra se continuer entre le survivant et les enfants. L'art. 1442 exclut fort clairement toute idée d'une communauté continuée entre l'époux survivant et les enfants.

Pour la seconde question, M. Toullier (vol. XII, n°s 84 et 85) et

MM. Aubry et Rau (tom. III, p. 403), admettent que les époux peuvent subordonner leurs conventions matrimoniales à une condition suspensive ou résolutoire, pourvu que la condition ne soit pas potestative. Je crois que c'est là une erreur, et qu'il faudrait admettre avec MM. Rodière et Pont (vol. 1er, n° 82) que toute espèce de condition doit être nulle, s'il s'agit d'admettre ou d'exclure la communauté; qu'elle est au contraire valable, si la condition doit décider entre le régime de séparation de biens et le régime simplement exclusif de communauté.

En effet, tous les régimes autres que celui de la communauté découlent du même système, celui de la séparation de biens; et, de même qu'on peut subordonner tel ou tel effet de la communauté à une condition, dès que le principe lui-même est conservé, de même on doit aussi pouvoir subordonner à une condition tel ou tel effet de la séparation de biens.

La condition relative à la communauté paraît même contraire à l'esprit de la loi. « Toute communauté, soit légale, soit conventionnelle, disait le tribun Duveyrier, *commence donc avec le mariage*, quelle que soit d'ailleurs la convention des parties. Cette règle générale sera désormais aussi claire qu'absolue » (Locré, législ. civ., tom. XIII, p. 245).

M. Toullier lui-même avoue qu'on ne pourrait subordonner l'existence de la communauté à la condition que le mariage durera un an. Pourquoi donc cette condition serait-elle seule défendue, tandis que les autres seraient permises? Pourrait-on, par exemple, convenir que les époux seront ou non communs en biens, selon qu'ils auront ou non des enfants de leur mariage? Cette condition ne serait-elle pas contraire aux bonnes mœurs?

D'après ce que je viens de dire, les époux doivent donc ou exclure la communauté d'une manière absolue, ou l'admettre à dater de la célébration du mariage, sans aucune condition.

# CHAPITRE II.

## Du régime exclusif de communauté.

### SECTION PREMIÈRE.

#### DIFFÉRENCE DE CE RÉGIME DU RÉGIME DOTAL ET DE CELUI DE COMMUNAUTÉ.

I. La principale différence de ce régime du régime dotal, consiste en ce que les immeubles de la femme ne sont pas de Droit inaliénables : elle peut en disposer avec le consentement de son mari ou de justice (art. 1535).

Cette différence, du reste, n'est pas essentielle, car, de même que les immeubles dotaux peuvent devenir aliénables en vertu d'une convention expresse, inscrite dans le contrat de mariage, de même on peut stipuler, sous le régime exclusif de communauté, que les biens de la femme sont inaliénables. Dès lors la différence entre ces deux régimes est presque nulle, et l'aliénation n'est permise que dans les cas déterminés par les articles qui établissent des exceptions à la règle de l'inaliénabilité du fonds dotal.

Cette stipulation équivaudrait à la soumission des époux au régime dotal, avec constitution universelle, de la part de la femme, de tous ses biens présents et à venir.

En second lieu, les immeubles de la femme sont prescriptibles pendant le mariage, sauf toutefois son recours contre le mari (art. 2254), car l'inprescriptibilité ne résulte que de l'inaliénabilité.

Les auteurs sont partagés sur le point de savoir si les art. 1564 et suivants sont applicables au régime qui nous occupe. Ainsi, M. Duranton n'accorde à la femme non commune aucun des droits indiqués par l'art. 1570, sauf les habits de deuil. M. A. Dalloz (voy. *Commmnauté*, n° 1119) lui accorde des aliments pour le temps seulement durant lequel la femme commune y a droit, c'est-à-dire pendant trois mois et quarante jours.

Mais il est beaucoup plus naturel d'assimiler la femme non commune à la femme dotale qu'à la femme commune. En effet, l'historique de la formation de la loi démontre avec évidence que les auteurs du Code se sont proposés d'établir l'assimilation de ces deux régimes. Dans le projet originaire, comme nous l'avons déjà dit, on ne distinguait que deux régimes, la communauté et l'exclusion de communauté. Ce n'est que pour faire droit aux réclamations des députés méridionaux, qu'on ajouta au projet primitif un chapitre nouveau, destiné à régler avec plus d'étendue les règles du régime dotal, et, en particulier, celles de l'inaliénabilité des biens dotaux, qu'on jugea indispensable d'admettre.

Les articles correspondant aux art. 1530 et suivants du Code furent alors modifiés, pour ne s'appliquer qu'au régime simplement exclusif de communauté. Il semble pourtant que la pensée première de la loi subsista toujours, c'est-à-dire qu'à part l'aliénabilité des biens, ce régime devait produire les mêmes effets qu'une constitution de dot universelle.

Dans les pays coutumiers, le régime de non-communauté existait et différait beaucoup du régime dotal, usité dans les pays de Droit écrit. Ces deux régimes avaient donc coexisté, et on pourrait supposer que les rédacteurs du Code ont entendu laisser les choses telles qu'elles étaient. Cette opinion, il est vrai, a une certaine valeur historique incontestable, mais nous préférons celle plus philosophique de MM. Aubry et Rau, qui assimilent complétement ce régime au régime dotal, en se fondant sur ce principe : « *Ubi eadem ratio, ibi eadem lex.* »

II. Le régime exclusif de communauté diffère du régime de communauté en ce qu'il n'établit pas de société entre les conjoints. Les époux mariés sans communauté conservent la propriété de leurs biens meubles et immeubles, présents et à venir; leurs dettes ne se confondent pas; les acquisitions qu'ils font pendant le mariage à titre onéreux ou gratuit, leur restent propres; le mari n'est pas responsable des détériorations que les biens de la femme ont éprouvées, à moins qu'il ne soit établi qu'elles proviennent d'un fait qui peut lui être imputé; les créanciers ne peuvent saisir le mobilier de la femme, si la consistance de ce mobilier est établi par un inventaire ou par un état en bonne forme; la femme n'a aucune part dans les bénéfices que le mari a faits durant le mariage.

Les époux pouvant modifier, selon leurs convenances, les effets de la clause d'exclusion de communauté, ils peuvent, tout en stipulant l'exclusion, déclarer dans leur contrat de mariage qu'il y aura entre eux une société d'acquêts. Les effets de cette clause sont alors réglés par les principes de la communauté réduite aux acquêts.

## SECTION II.

### DROITS ET OBLIGATIONS DU MARI.

Nous diviserons cette section en deux parties: dans la première, nous traiterons des droits et obligations du mari comme administrateur; et dans la seconde, nous verrons les droits et obligations du mari comme usufruitier.

### § 1. *Droits et obligations du mari comme administrateur.*

1. La clause d'exclusion de communauté accorde au mari l'administration et la jouissance des biens de la femme. En qualité d'administrateur il jouit des mêmes pouvoirs qu'il a, sous le régime de la communauté, sur les immeubles et les meubles réalisés de la femme. Il doit donc les gérer en bon père de famille, et il répond de leur perte ou dépérissement, s'il a négligé d'apporter les soins convenables à leur conservation. Il répond surtout de la perte que la femme a éprouvée par l'accomplissement d'une prescription, dont il n'a pas interrompu le cours (art. 2254).

2. Le mari a de même le droit de louer les biens de la femme, et les baux passés, sans fraude, par le mari seul, de biens propres de la femme, lient cette dernière. Cependant les art. 1429 et 1430 apportent

quelques restrictions à ce principe. C'est ainsi que les baux faits pour un temps qui excède neuf ans, ne sont, après la dissolution du mariage, ou après la séparation des biens, obligatoires, à l'égard de la femme ou de ses héritiers, que pour le temps qui reste à courir, soit de la première période de neuf ans, si les parties s'y trouvent encore, soit de la seconde et ainsi de suite. Le fermier ou locataire n'a donc, en pareil cas, que le droit d'achever la jouissance de la période de neuf ans qui court au moment de la dissolution du mariage ou de la séparation de biens.

De plus, les baux des biens ruraux, passés ou renouvelés plus de trois ans avant l'expiration du bail courant et les baux de maisons plus de deux ans avant la même époque, ne sont obligatoires pour la femme ou ses héritiers, à moins que leur exécution n'ait commencé avant la dissolution du mariage ou la séparation de biens prononcée en justice.

J'ai dit avant la dissolution du mariage ou après la séparation de biens prononcée en justice. En effet, le droit d'administration et de jouissance du mari cesse non-seulement par la dissolution du mariage, mais encore par la séparation de corps ou de biens prononcée en justice (1531). Sous ce régime, comme sous celui de la communauté, la femme a le droit de demander la séparation de biens, car sa dot peut être mise en péril, par suite du mauvais état des affaires du mari, ou d'une mauvaise gestion.

3. La femme ne peut administrer elle-même ses biens; elle n'a pas même le droit de prendre part à l'administration du mari, soit en contrôlant ses actes, soit en y formant opposition. Même dans le cas d'interdiction du mari, elle ne peut intervenir dans l'administration que si elle est nommée tutrice; même alors c'est le conseil de famille qui règle la forme et les conditions de l'administration, sauf toutefois le recours de la femme aux tribunaux, si elle se croit lésée par l'arrêté du conseil de famille (art. 507).

Si la femme n'a pas été nommée tutrice de son mari interdit, l'administration reste dans le domaine du mari, et, par conséquent, elle appartient au tuteur (M. Toullier, XII, n° 308). Dans un seul cas, la loi souffre que le droit d'administration passe entre les mains de la femme, c'est lorsque le mari est en état d'absence déclarée (art. 124).

4. Sous le régime dotal, les immeubles dotaux sont inaliénables, à moins de stipulation contraire dans le contrat de mariage. Le contraire arrive ici : tous les biens de la femme peuvent être aliénés, hypothéqués ou engagés de toute autre manière, sauf l'autorisation du mari ou celle de la justice; ils peuvent par suite aussi être poursuivis pour l'exécution de toutes les obligations que la femme, dûment autorisée, aurait consenties, ou pour celles qu'elle aurait consenties avant le mariage. Si l'autorisation d'aliéner ne vient que de la justice, l'aliénation vaut bien, mais le mari garde l'usufruit (Anal. des art. 1424 et 1555).

Si le mari autorise l'aliénation des biens de la femme ou s'il assiste seulement au contrat, l'art. 1450 est applicable et par suite le mari est tenu de veiller au remploi.

§ 2. *Droits et obligations du mari comme usufruitier.*

Sous le régime dotal, les fruits de la dot de la femme sont censés apportés au mari, *ad sustinenda matrimonii onera*, de même que ceux des biens de la femme sous le régime qui nous occupe (art. 1530 et 1540). Dans les deux régimes aussi la femme peut se réserver une portion de ses revenus pour son entretien et ses besoins personnels (art. 1534 et 1549).

1. Le mari, comme l'usufruitier ordinaire, est tenu de faire dresser un inventaire des meubles et des états des immeubles de la femme. A défaut d'accomplissement de cette formalité, la femme ou ses héritiers sont autorisés à prouver contre le mari, par témoins et même par commune renommée, la consistance du mobilier non inventorié.

Par exception aux règles générales sur l'usufruit, le mari n'est tenu de fournir caution que dans le cas où le contrat de mariage l'aurait formellement stipulé (art. 1550).

2. Le mari n'ayant la jouissance des biens de la femme que pour

3

soutenir les charges du mariage, il ne peut, à la différence de l'usufruitier ordinaire, céder ce droit, ni le grever d'hypothèque, mais par
contre aussi ses créanciers ne peuvent frapper ce droit de saisie. Rien
n'empêche pourtant le mari de vendre et de céder les fruits et revenus
des années précédentes et même ceux de l'année courante.

3. Le mari, comme l'usufruitier, a le droit de jouir de tous les fruits
naturels, civils et industriels que les biens de la femme peuvent produire.

Les fruits civils ne s'acquérant que jour par jour, il ne peut les gagner
qu'à dater du jour du mariage. Il doit, par conséquent, restituer, lors
de la dissolution du mariage, toute la portion des fruits qui aurait couru
avant la célébration du mariage, et dont il aurait reçu le paiement
(M. Duranton, XV, n$^{os}$ 445 et 446).

Mais le mari a t-il le droit d'exiger cette portion de fruits, sauf à la
restituer plus tard? Sous le régime dotal, on distingue le cas où on
doit la considérer comme dotale ou comme paraphernale. Dans le premier cas, le mari a le droit de la réclamer; mais, dans le second, la femme
seule a droit d'en exiger le paiement; et si ce paiement a été fait au
mari, elle peut en exercer la répétition contre ce dernier, *constante
matrimonio* (MM. Aubry et Rau, t. III, p. 572). Or, le régime qui nous
occupe produit, d'après ce que nous avons dit, les mêmes effets qu'une
constitution de dot universelle, et par suite le mari nous paraît être en
droit de réclamer ce paiement.

Quant aux fruits naturels et industriels, le mari n'a évidemment
aucun droit sur ceux perçus avant la célébration du mariage; mais il
devient propriétaire de tous ceux qui ont été perçus depuis le mariage
jusqu'à sa dissolution.

Quoique, sous ce régime, le mari ait tous les bénéfices et qu'il jouisse
de tous les fruits des biens de la femme, on a pourtant élevé des diffi-
cultés relativement aux produits de l'industrie de la femme et aux
gains qu'elle pourrait faire dans un commerce séparé de celui de son
mari.

Dans les deux cas, M. Toullier décide (vol. XIV, n° 23) que ces revenus appartiennent à la femme, et il croit que les art. 1530 et 1531 ne
sont pas applicables ici.

Nous ne pouvons admettre une opinion aussi contraire au texte même
de la loi. Il est vrai que, pour le second cas, l'art. 220, disant que le
mari n'est pas engagé par le commerce de sa femme, peut faire supposer
que, par cela même, il ne doit pas jouir des fruits en résultant. Mais
autre chose est la position du mari vis-à-vis des créanciers de la femme
et de la femme même, et l'autorisation du mari ne peut à elle seule
engager celui-ci.

Du reste, on sait parfaitement bien que le travail n'est qu'un capital
productif de fruits, et en appliquant ce principe aux deux cas cités, nous
voyons que le mari doit jouir de tous ces fruits.

D'après l'art. 1428, le mari intente les actions possessoires de la
femme, car, sous ce régime, comme sous celui de la communauté, il a
l'administration des biens de la femme et peut, par conséquent, intenter seul les actions possessoires qui compètent à celle-ci et défendre
aux actions de cette nature qui l'intéresseraient. Contrairement à M. Duranton (vol. XV, n° 278), nous croyons que le mari a également le droit
d'exercer les actions pétitoires comme étant usufruitier des biens de sa
femme. Cependant, s'il s'agissait d'immeubles dont la jouissance eût été
réservée à la femme, le mari n'aurait aucune qualité pour exercer seul
ces actions.

## SECTION III.

### DROITS ET OBLIGATIONS DE LA FEMME.

1. Tous les biens, meubles et immeubles, que la femme possédait
lors de la célébration du mariage, ainsi que ceux qu'elle pourrait acquérir, durant le mariage, à titre onéreux ou gratuit, lui restent en nu-
propriété. Mais que décidera-t-on, si elle acquiert un immeuble sans
pouvoir justifier que le prix en a été payé de deniers appartenant à elle?

La cour de Riom, par un arrêt du 22 février 1809 (Sirey, 1812,

deuxième partie, p. 199) a jugé que l'immeuble passerait au mari. Cependant nous croyons que le contraire doit être admis et qu'on doit appliquer ici la loi 51 ff., *De donationibus inter virum et uxorem*, qui dit :
« *Cùm in controversiam venit undè ad mulierem quid pervenerit, et veriùs*
« *et honestiùs est, quod non demonstratur undè habeat, existimari a viro,*
« *aut qui in potestate ejus esset, ad eam pervenisse : evitandi enim turpis*
« *quæstus gratiâ circa uxorem, hoc videtur Quintus Mucius probasse.* »

Quant au cas où la femme aurait fait des acquisitions avec des deniers apportés par elle ou à elle échus pendant le mariage, et pour lesquels il n'aurait pas été stipulé d'emploi, il nous paraît hors de doute que ces acquisitions lui sont propres.

2. Les réparations d'entretien que demandent les biens de la femme sont faites par le mari; mais les grosses réparations sont à la charge de la femme, qui doit en rembourser le montant lors de la dissolution du mariage, mais sans intérêt. Si ces réparations sont devenues nécessaires par le défaut de réparations d'entretien, le mari en est tenu tout seul (Arg., art. 605).

La femme supporte seule le dommage résultant de la perte de ses biens, ou les détériorations qu'ils ont subies, pourvu qu'on ne puisse pas les imputer à faute au mari.

3. La femme ayant des enfants d'un premier lit, peut, sans aucun doute, se marier sans communauté, mais les avantages qu'elle procure à son mari par la grande importance de ses revenus, doivent-ils, conformément à l'art. 1527, s'imputer sur la quotité disponible fixée par l'art. 1098? Et l'excédant serait-il sujet à réduction sur la demande des enfants du premier lit?

Nous croyons avec M. Duranton (vol. XV, n° 272), qu'il y a lieu d'appliquer ici l'art. 1527, et il suffirait même que les revenus excédassent la moitié des besoins du ménage, pour que la réclamation des enfants du premier lit fût admise, d'autant plus que dans la séparation de biens la femme ne contribue que pour le tiers de ses revenus aux besoins du ménage. Si donc on lui permet d'y contribuer pour la moitié, c'est déjà plus qu'on ne peut demander. Cependant, pour admettre les réclamations des enfants du premier lit, il faut qu'il soit prouvé que ces revenus ont enrichi le mari. Dans le cas contraire, elles devraient toujours être repoussées.

4. Quoique le mari soit administrateur et usufruitier des biens de la femme, on pourra toujours convenir dans le contrat de mariage que la femme touchera annuellement, sur ses seules quittances, certaine portion de ses revenus, pour son entretien et ses besoins (art. 1534), ou bien qu'elle aurait l'administration d'une partie de ses biens.

Dans ce dernier cas, les acquisitions qu'elle a faites lui restent propres; elle est censée avoir fait emploi de ses économies.

5. La femme restant propriétaire du mobilier qu'elle a apporté, les créanciers du mari ne peuvent le faire saisir, et s'ils le faisaient, et que la femme pût justifier de son droit de propriété, par des états ou inventaire incontestable, elle exercerait la revendication, aux termes de l'art. 608 du Code de procédure, et s'opposerait ainsi à la vente.

On suppose ici que ce mobilier n'est pas du nombre des choses dont on peut user sans les consommer, et que de plus il n'a pas été livré sur estimation, ou, s'il l'a été, que l'estimation a été faite avec déclaration qu'elle ne transporte point la propriété. Ces conditions sont essentielles, parce que sans elles la propriété de ces choses est transmise, par l'effet d'un quasi-usufruit auquel elles sont soumises à son profit, et qui lui permet de les aliéner, sauf à restituer le montant de l'estimation, lors de la cessation de l'usufruit.

6. L'effet de la clause d'exclusion de communauté est que la femme, pas plus que ses héritiers, ne peut prétendre aucune part, lors de la dissolution du mariage, dans les biens, soit mobiliers, soit immobiliers, que le mari a acquis durant le mariage, à quelque titre que ce soit et quand même ces acquisitions auraient été faites des revenus des biens de la femme. Mais, de ce qu'elle ne participe point aux biens du mari, il suit qu'elle n'est point tenue des dettes qu'il contracte; et si elle s'y était obligée, elle en devrait être indemnisée.

De même l'obligation contractée par la femme solidairement avec le mari, doit être réputée avoir pour cause les affaires de ce dernier, toutes les fois qu'il ne résulte pas de l'acte même ou qu'il n'est pas prouvé qu'elle a eu lieu dans l'intérêt de la femme.

7. Les biens de la femme n'étant pas inaliénables, celle-ci peut, avec l'autorisation du mari, ou, à son refus, avec celle de la justice, engager ses biens, soit dans son intérêt personnel, soit dans celui du mari ou d'un tiers, les grever d'hypothèques, et même les aliéner (art. 1535). Cependant l'aliénation faite par la femme avec la seule autorisation de justice ne peut porter aucun préjudice au droit de jouissance qu'a le mari sur les biens de sa femme, à moins qu'elle n'ait eu lieu pour l'une des causes indiquées par l'art. 1427. La raison en est que l'autorisation du juge ne peut être opposée au mari, comme engendrant à son égard une obligation quelconque. Peu importe d'ailleurs, que cette autorisation ait été accordée au refus du mari, ou qu'elle l'ait été à raison d'une incapacité ou d'un empêchement de sa part.

8. Nous avons dit que les art. 1570 et 1571 devaient être appliqués ici. Lorsque le mariage est donc dissous par la mort du mari, la femme a le choix d'exiger les intérêts de ses biens durant l'année de deuil, ou de se faire fournir des aliments pendant ledit temps, aux dépens de la succession du mari. Si elle opte pour les aliments, les charges du mariage sont censées se continuer durant l'année de deuil, c'est-à-dire que les héritiers du mari doivent gagner les intérêts et les fruits des biens de la femme durant cette année, absolument comme les gagnait le mari lui-même durant le mariage.

L'art. 1570 ne parle, il est vrai, que des intérêts, mais il y a évidemment même raison de décider pour les fruits (M. Duranton XV, n° 574). La récolte perçue par ces héritiers, ou encore pendante lors de l'expiration de l'année du deuil, doit se partager entre les héritiers et la veuve, absolument comme se seraient partagés les fruits de la récolte antérieure perçue ou pendante lors du décès du mari, si la femme n'eût pas opté pour les aliments.

L'art. 1571 dit qu'à la dissolution du mariage, les fruits des immeubles dotaux se partagent entre le mari et la femme ou leurs héritiers, à proportion du temps qu'il a duré pendant la dernière année. Cet article s'applique-t-il aussi aux produits périodiques des biens mobiliers dont la femme a conservé la propriété? Nous le croyons avec MM. Aubry et Rau (tom. III, p. 606, note 31). Le texte, il est vrai, ne parle que des immeubles; cela provient de ce qu'en thèse générale, le mobilier de la femme devient la propriété du mari, et qu'alors il n'y a nul compte de fruits à faire, puisque le droit de la femme se réduit, en ce cas, à une créance dont le mari doit simplement les intérêts du jour de la dissolution du mariage. La loi 7, § 9, D. Solut. matrim., le décide également ainsi.

Mais, lorsqu'il s'agit de produits tout à fait accidentels et aléatoires, comme il est fort difficile, avant comme après la cessation de la jouissance du mari, d'en fixer exactement le montant, il semblerait plus conforme à l'intérêt même des parties d'attribuer au mari tout ce qu'il aurait reçu jusqu'à la dissolution du mariage, mais rien au delà.

### SECTION IV.

#### RESTITUTION DES BIENS DE LA FEMME APRÈS LA DISSOLUTION DU MARIAGE.

Nous diviserons cette section en deux paragraphes : dans le premier nous examinerons quels sont les biens à restituer, et dans le second, quand et comment ils doivent être restitués.

### § 1. *Quels sont les biens que le mari doit restituer ?*

D'après l'art. 1530 le mari est tenu de restituer tous les biens dont il a eu l'administration et qu'il a perçus, à l'exception toutefois des fruits, qu'il garde indistinctement.

Pour se faire restituer ces biens, la femme ou ses héritiers ont une action, et comme ils sont demandeurs en cette action, la règle générale, *actori incumbit onus probandi,* leur est applicable. Il faut donc prouver que la femme a apporté des biens à son mari, et déterminer en même temps la valeur et la consistance de ces biens, sans cela le mari reste maître tant de ses meubles que de ses immeubles.

Pour faciliter cette preuve, la loi dit que le mari est tenu des charges de l'usufruitier. Il doit donc, d'après l'art. 600, dresser un inventaire fidèle de tout ce que la femme lui apporte, et c'est cet inventaire qui sera la preuve légale de l'apport des biens de la femme.

Si le mari ne fait pas cet inventaire, l'art. 1415 lui est applicable, et la femme pourra prouver tant par titres et papiers domestiques, que par témoins et, au besoin, par la commune renommée, de la consistance et valeur du mobilier non inventorié. Ce n'est toutefois que vis-à-vis du mari ou de ses héritiers, et non à l'égard des créanciers du mari, qu'elle pourrait faire la preuve testimoniale ou par commune renommée. Mais ses propres créanciers, exerçant ses droits, pourraient la faire vis-à-vis du mari, même pendant le mariage (art. 1166). De plus, le mari n'est jamais recevable à faire cette preuve.

Tous les articles du régime dotal, relatifs à la restitution de la dot, sont applicables ici.

§ 2. *Quand et comment les biens de la femme doivent être restitués.*

Les biens de la femme peuvent être restitués en argent ou en nature. Nous examinerons d'abord quels sont les biens à restituer en nature et puis quels sont ceux qu'il doit restituer en argent.

*a*) Toutes les fois que la propriété des biens est restée sur la tête de la femme, ces biens doivent être restitués en nature.

Le mari doit restituer les immeubles avec tous les accessoires et les améliorations qu'ils ont reçus, soit par les événements de la nature, soit par le fait de l'homme.

Si ces biens ont souffert des détériorations ou bien s'ils ont péri sans la faute du mari, cette détérioration et cette perte sont pour le compte de la femme. C'est là ce qui résulte des art. 1566, 1567 et 1568.

Si ces biens ont éprouvé des détériorations par la faute du mari, la femme est obligée de prouver cette faute; mais s'ils ont péri, c'est au mari à prouver qu'ils ont péri sans sa faute. Quand le mari est reconnu en faute, il doit des dommages-intérêts à la femme pour le préjudice causé, s'il y a eu détérioration, et la valeur qu'aurait eu l'objet lors de la restitution, s'il y a eu perte. Cependant, si le mari avait vendu cet objet et en avait retiré un prix supérieur à sa valeur, lors de la restitution, il ne peut profiter de sa faute et il est obligé de restituer le prix qu'il en a reçu. Quant aux linges et hardes que la femme possédait au moment de la dissolution du mariage, s'ils sont d'une valeur inférieure au montant de l'estimation faite lors de la célébration du mariage, elle précompte sur cette dernière somme leur valeur actuelle et répète le surplus. Si, au contraire, ils sont d'une valeur supérieure, l'art. 1566 indique clairement qu'elle n'est pas tenue de faire compte de cet excédant de valeur quand le mariage a été dissous par la mort du mari. En supposant, en effet, que le surplus de valeur pût être considéré comme une donation, ce qui, du reste, n'est pas admissible, cette donation se trouverait confirmée par le prédécès de l'époux (M. Toullier, vol. XIV, n° 268).

Les héritiers de la femme ne pourraient jamais se prévaloir de la disposition de l'art. 1566, quand le mariage est dissous par la mort de celle-ci. Car cet article établit une exception au principe, que le mari n'est obligé de restituer que ce qu'il a reçu et dans l'état où cela se trouve au jour de la restitution; or, toute exception est de Droit étroit, et l'art. 1566, ne parlant que de la femme et non de ses héritiers, on ne doit pas étendre ses dispositions à ces derniers.

S'il n'y a pas eu d'estimation et le mariage venant à se dissoudre par la mort de la femme, les effets de celle-ci sont rendus dans l'état où ils se trouvent, lors de la dissolution du mariage, ce qui est également conforme au Droit romain (L. 10 ff., *De jnr dot.*, XXIII, 3).

S'il existait des doutes sur la véritable consistance des premiers effets, les héritiers de la femme peuvent en faire la preuve par commune renommée.

4

Si parmi les biens de la femme se trouvait une obligation ou constitution de rente, l'art. 1567 est applicable et le mari n'est tenu de leur perte ou de leur détérioration qu'autant qu'on peut l'imputer à sa négligence, et c'est aux tribunaux à juger ce point de fait (M. Duranton, vol. XV, n° 559). Mais l'article se trouverait inapplicable dès que la rente ou l'obligation ont été constituées avec estimation, sans y ajouter que l'estimation ne valait pas vente. Le mari devenant alors propriétaire dès le jour du mariage, l'obligation ou la rente sont à ses risques et péril à partir de ce moment.

Si la femme avait apporté un droit d'usufruit, le mari, d'après l'art. 1568, n'est tenu que de restituer ce droit d'usufruit et non les fruits échus pendant le mariage. Si donc l'usufruit s'est éteint avant la dissolution du mariage, le mari n'a rien à restituer, à moins toutefois de stipulation contraire exprimée dans le contrat de mariage.

L'époque de la restitution en nature des biens de la femme est indiquée par l'art. 1564 : « Si la dot consiste en immeubles ou en meubles « non estimés par le contrat de mariage, ou bien mis à prix, avec dé- « claration que l'estimation n'en ôte pas la propriété à la femme, le mari « ou ses héritiers peuvent être contraints de la restituer sans délai, « après la dissolution du mariage. » Le mari a dû conserver ces objets en son pouvoir et il doit donc lui être facile de les restituer de suite.

Quoique l'article précité parle des immeubles en général, il est cependant hors de doute que cet article ne serait pas applicable si un immeuble avait été apporté par la femme et que cet immeuble fût estimé, avec déclaration que cette estimation vaut vente. Le mari jouirait du délai accordé par l'art. 1565 pour les restitutions qu'il ne doit pas faire en nature.

Nous arrivons maintenant à la question des impenses, et il s'agit de déterminer quelles sont celles dont le mari ou ses héritiers peuvent exiger des remboursements. De même qu'en Droit romain, on distingue les impenses nécessaires, utiles et voluptuaires ou de pur agrément.

Pour les premières, la femme est toujours obligée d'en restituer le montant au mari, quand même la chose viendrait à périr plus tard par cas fortuit. Le mari a également le droit de réclamer la plus-value résultant des impenses utiles, qui ne se trouvaient pas à sa charge en qualité d'usufruitier.

Le mari, en effet, n'est pas seulement usufruitier des biens de la femme, il est encore administrateur, c'est-à-dire qu'il en jouit et dans l'intérêt de sa femme, et dans l'intérêt des enfants, et dans son propre intérêt.

Comme administrateur, il doit donc naturellement faire toutes les améliorations qu'il juge utiles, et il est juste qu'il en soit indemnisé jusqu'à concurrence de la plus-value qu'elles ont procurée.

Enfin, les impenses voluptuaires ayant lieu uniquement pour le plaisir de celui qui les fait, il a toujours été de principe que le mari ne peut réclamer pour cet objet aucune indemnité, il a seulement le droit de retirer les choses qui peuvent être enlevées sans détériorer le fonds.

*b)* Des biens à restituer en argent. Nous appliquerons ici l'art. 1565 : « Si elle consiste en une somme d'argent ou en meubles mis à prix par « le contrat, sans déclaration que l'estimation n'en rend pas le mari « propriétaire, la restitution n'en peut être exigée qu'un an après la « dissolution. »

Cet article s'applique non-seulement aux sommes d'argent, mais encore à toutes les autres choses dont on ne peut jouir sans les consommer, quand même ces choses n'auraient pas été estimées, et en général à tous les objets dont la propriété est passée sur la tète du mari et dont il ne doit restituer que le prix ou l'équivalent.

Le délai accordé par l'art. 1565 ayant beaucoup plus de rapport avec le délai de grâce qu'avec le délai de Droit, nous croyons que le mari ou ses héritiers en sont déchus dans les cas de l'art. 124 du Code de procédure. De plus, ce délai une fois passé, les juges ne doivent plus pouvoir en accorder un second, car il est de principe que le délai de grâce n'est accordé qu'une fois (M. Bellot des Minières, t. IV, p. 241).

L'art. 1565 est inapplicable au cas où c'est la séparation de biens qui donne lieu à la restitution des biens de la femme, car alors il y a péril en demeure. Mais, si la séparation de biens est une suite de la séparation de corps, l'article est applicable; car, dans ce cas, les mêmes motifs n'existent plus, à moins que la femme ne prouve que ses biens sont en péril (M. Duranton, vol. XV, n$^{os}$ 553 et 554).

Néanmoins les biens de la femme pourront toujours être réclamés avant l'expiration du délai fixé par la loi, seulement on ne pourra pas les exiger. Enfin, il nous reste encore une question à décider, c'est celle de savoir, si ce délai peut être augmenté ou restreint par la convention des parties. Contrairement au Droit romain, il faut décider que les deux stipulations peuvent être faites dans le contrat de mariage (M. Bellot des Minières, vol. IV, p. 240). L'art. 1565 n'est rédigé tel qu'il est, que pour opposer à la dot en nature, dont la restitution peut être exigée immédiatement après la dissolution du mariage, celle en argent, dont la restitution n'est exigible qu'au bout d'un an, et n'a nullement pour but de prohiber les conventions contraires que les parties pourraient faire.

Il est deux cas où le mari peut se dispenser de restituer les biens de la femme. Il en est dispensé d'abord, quand ces biens lui ont été valablement donnés ou légués par la femme, sauf réduction, si la femme n'avait pas le droit de disposer de tous ses biens.

En second lieu, il peut encore en être dispensé, quand l'action en restitution se trouve prescrite. La prescription ne peut courir tant que le mariage subsiste (art. 2253); mais, après la dissolution, la prescription court à dater du jour même de la dissolution, si les biens devaient être rendus en nature, sinon à l'expiration de l'année accordée au mari par l'art. 1565 pour la restitution de la dot en argent, ou du délai fixé par le contrat de mariage, si ce contrat contient des conventions particulières sur ce point.

## SECTION V.

DE LA SOCIÉTÉ D'ACQUÊTS SOUS LE RÉGIME EXCLUSIF DE COMMUNAUTÉ.

Nous avons vu, à la section première, que les époux pouvaient stipuler une société d'acquêts dans leur contrat de mariage. C'est là un remède que la loi a apporté au vice principal, ou plutôt à l'injustice de ce régime, où la femme ne profite jamais de l'accroissement de fortune qui survient au mari, quand même cet accroissement de fortune est dû aux revenus des biens de la femme.

Par acquêts on entend tout ce que les deux époux ensemble, ou l'un d'eux séparément, acquièrent pendant le mariage, à titre onéreux, et ce qu'ils gagnent par leur industrie, ou ce qui advient à l'un d'eux en considération de sa capacité, ou en récompense des services qu'il a rendus.

Durant le mariage, cette clause ne change en rien les droits du mari sur les biens de la femme, mais, après sa dissolution, les principes de la communauté sont applicables. Dès lors la femme est tenue d'accepter ou de renoncer à cette espèce de communauté.

Dans le premier cas, si elle accepte, la masse à partager comprendra tous les fruits existants perçus avant la dissolution de cette communauté, sans que la femme puisse exercer aucun prélèvement, sous le prétexte que le mari a perçu plus de fruits sur ses immeubles qu'il ne le devait d'après la durée du mariage. D'un autre côté, le mari ne peut prétendre aucun droit aux récoltes précédentes, sous le prétexte qu'il n'a pas été entièrement couvert de ses droits par les récoltes perçues.

La masse étant faite, la femme prend avant tout les biens qu'elle avait apportés, sans que le mari puisse se prévaloir du délai accordé par l'art. 1565. Mais, de son côté, la femme ne peut prélever que ses biens et sa part dans les acquêts, sans pouvoir réclamer ni aliments ni habitation durant l'an de deuil.

Si les linges et hardes à son usage valent plus que ceux qu'elle avait lors de la célébration du mariage, elle est tenue de rendre l'excédant, sans pouvoir se prévaloir de la disposition de l'art. 1566.

Dans le second cas, si la femme renonce à la communauté, cette clause d'acquêts est censée n'avoir jamais existée. En effet, cette clause a pour but d'améliorer le sort de la femme, il ne faut donc pas qu'elle puisse l'empirer, si la société n'a pas prospéré. La faute peut en être au mari et il n'est pas juste que cette faute puisse atténuer les droits que la femme tire de sa qualité de non commune. Dès lors, le mari a également droit, pour rembourser les biens de la femme, au délai de l'art. 1565, de même qu'à une portion de fruits de l'année prochaine, proportionnée au temps que le mariage a duré pendant la dernière année, en supposant que les récoltes précédentes ne l'aient pas rempli de ses droits.

## CHAPITRE III.

### De la clause de séparation de biens.

SECTION 1.

DÉFINITION ET COMPARAISON DE CETTE CLAUSE AVEC LA SÉPARATION JUDICIAIRE ET LE RÉGIME DOTAL.

On nomme séparation de biens ou séparation contractuelle, l'état dans lequel se trouvent deux époux qui administrent séparément leurs biens. C'est celui de tous les régimes qui est le plus antipathique à la nature du mariage. En effet, sous ce régime, les intérêts des époux demeurent séparés, et la femme, pour la gestion de ses biens, se trouve affranchie de l'autorité maritale.

Ce régime étant tout à fait exceptionnel, son adoption ne doit jamais se présumer et ne peut résulter que d'une déclaration expresse.

Il ne peut résulter de la simple déclaration que les époux se marient sans communauté: alors c'est le régime d'exclusion de communauté sans séparation de biens, et tel que nous l'avons exposé, qui doit régir leur union.

Des différences essentielles existent entre la séparation de biens judiciaire et la séparation contractuelle:

1° La séparation judiciaire n'est qu'un remède, une dérogation au contrat de mariage; la séparation contractuelle est le statut matrimonial lui-même.

2° Les époux séparés judiciairement peuvent faire cesser les effets de la séparation; la séparation contractuelle ne peut être modifiée.

3° Dans la séparation judiciaire, la contribution aux charges du ménage est proportionnelle aux facultés des époux (art. 1448, alin. 1); dans la séparation contractuelle, la loi fixe la contribution de la femme au tiers de ses revenus, lorsque les époux n'ont fait aucune stipulation à cet égard (art. 1537).

Aucune différence ne semble exister entre cette clause et le régime dotal, dans le cas où tous les biens de la femme sont paraphernaux. Ce régime existait dans les pays coutumiers, où l'on avait statué que si la femme voulait se réserver la jouissance et la propriété de ses biens, il faudrait qu'elle payât au mari une somme annuelle, fixée à une certaine quotité de ses revenus (M. Toullier, vol. XIV, p. 40).

La ressemblance de cette clause avec celle de la paraphernalité de tous les biens de la femme, mariée sous le régime dotal, se prouve facilement par la comparaison de leurs dispositions.

Ainsi l'art. 1537 est le même que l'art. 1575, et l'art. 1539 contient les mêmes dispositions que l'art. 1578.

## SECTION II.

### DES EFFETS DE LA CLAUSE DE SÉPARATION DE BIENS.

1. La femme, porte l'art. 1536, a l'entière administration de ses biens meubles et immeubles et la jouissance libre de ses revenus. Elle a donc seule le droit d'en percevoir les fruits et intérêts, de recevoir le remboursement des capitaux, de donner ses immeubles à ferme. Cependant elle peut administrer et percevoir les fruits, soit par elle-même, soit par un mandataire, et ce mandataire peut être son mari.

Quand c'est un tiers qui administre pour la femme, il est évidemment comptable de tout ce qu'il a reçu; mais, quand c'est le mari, il faut faire une distinction. Si la femme donne sa procuration au mari pour administrer ses biens, avec charge de lui rendre compte des fruits, il sera tenu vis-à-vis de la femme comme tout mandataire, et l'art. 1577 est applicable. Si la procuration ne charge pas le mari de rendre compte des fruits, il est à supposer que la femme, en donnant pouvoir à son mari d'administrer ses biens, a entendu aussi le charger de l'emploi et de la distribution de ses revenus. Dès lors nous croyons que la position du mari doit être assimilée, pour ce qui regarde les fruits, au cas de l'art. 1539, ainsi conçu : « Lorsque la femme séparée a laissé la jouissance de ses biens au mari, celui-ci n'est tenu, soit sur la demande que la femme pourrait lui faire, soit à la dissolution du mariage, qu'à la représentation des fruits existants, et il n'est point comptable de ceux qui ont été consommés jusqu'alors. »

Enfin, si le mari jouit malgré l'opposition constatée de la femme, il faudra appliquer l'art. 1579. Il est alors comptable envers elle de tous les fruits, tant existants que consommés. Mais l'opposition de la femme ne se présume jamais: il faut qu'elle soit constatée, et cette constatation ne peut résulter que d'un acte écrit et exprès, tel qu'une signification par notaire ou par huissier.

2. Par le seul fait du mariage, les époux contractent ensemble l'obligation de nourrir, d'élever et d'entretenir leurs enfants, et, en cas de besoin, de se fournir réciproquement des aliments (art. 203 et 212). Si donc le mari ne pouvait subvenir aux charges du mariage, la femme en serait tenue sur ses biens personnels. Dans le cas contraire, et s'il n'y a pas de convention expresse à cet égard, l'art. 1537 nous dit, que la femme contribuera à ces charges jusqu'à concurrence du tiers de ses revenus. Il faut pourtant qu'il n'y ait pas de convention à cet égard dans le contrat de mariage, sans cela c'est uniquement à cette convention qu'il faudrait s'attacher.

On pourra donc convenir que la femme contribuera à ces charges pour les deux tiers ou la moitié de ses revenus, ou bien qu'elle n'y contribuera que pour un cinquième ou un quart. Mais pourrait-on convenir qu'elle n'y contribuera pas du tout? L'art. 1537 fait supposer que dans tous les cas elle y contribuera pour une portion quelconque. Mais cette portion pouvant être indéfiniment réduite, cela équivaut à dire que la femme peut en être affranchie.

Dans le cas où la femme doit contribuer aux charges du mariage, le mari n'est pas autorisé pour cela à se mettre en jouissance de ses biens, malgré l'opposition de la femme. Il n'a qu'un droit de créance, et si la femme est en retard de payer, il n'a que le droit de se pourvoir par voie d'action, ou tout au plus de saisie-arrêt.

Le mari restant toujours chef du ménage, la femme doit verser entre ses mains sa portion contributive, à moins que le mari n'ait cherché à détourner des fonds, car, dans ce cas, la justice peut autoriser la femme à disposer elle-même de ses revenus.

3. Au titre du mariage, l'art. 217 pose en principe que la femme non commune ou séparée de biens, ne peut donner, aliéner, hypothéquer, acquérir à titre gratuit ou onéreux, sans le concours du mari, ou son consentement par écrit, et l'art. 223 ajoute encore que toute autorisation générale, même stipulée par contrat de mariage, ne serait valable que quant à l'administration des biens de la femme. Cependant l'art. 1449 apporte quelques restrictions à ce principe, pour les biens mobiliers de la femme. En effet, cet article donne à la femme séparée judiciairement le droit de disposer de son mobilier et de l'aliéner, mais il ajoute : « Elle ne peut aliéner ses immeubles sans le consentement du mari, ou sans l'autorisation de la justice. » Et l'art. 1538 dispose ainsi : « Dans aucun cas, ni à la faveur d'aucune stipulation, la femme ne peut aliéner ses immeubles sans le consentement spécial de son mari, ou, à son refus, sans être autorisée par justice. Toute autorisation générale d'aliéner les immeubles, donnée à la femme, soit par contrat de mariage, soit depuis, est nulle. » Il n'y a d'ailleurs aucune distinction à faire entre les immeubles qui appartiennent à la femme au jour du mariage, ou qui lui seraient échus depuis par donation ou succession,

et ceux qu'elle aurait acquis depuis le mariage au moyen de ses économies. Les uns comme les autres ne peuvent être aliénés par la femme
sans l'autorisation de la justice.

Nous voyons donc que, pour que l'autorisation d'aliéner les immeubles soit bonne, il faut qu'elle soit spéciale, c'est-à-dire qu'elle
indique clairement quels sont les immeubles à aliéner. L'autorisation
que le mari pourrait donner d'aliéner les immeubles situés dans un
département déterminé ou dans les colonies, ne serait point une autorisation générale, et par suite la femme aurait le droit de disposer
de ses immeubles (M. Duranton, vol. XV, n° 312).

4. Tous les procès relatifs aux biens de la femme doivent être diri-
gés par ou contre la femme autorisée de son mari ou de la justice,
car la règle est que la femme ne peut ester en justice sans autorisation
préalable (art. 215). Elle a même besoin de cette autorisation pour
les actions possessoires, car l'art. 215 ne distingue pas.

Le mari qui autorise sa femme dans ces procès, n'ayant aucun intérêt direct dans la contestation, ne peut en principe être condamné
aux dépens. Cependant, de même que le Code de procédure permet
de condamner les tuteurs, curateurs et autres administrateurs aux dépens en leur nom personnel, de même le mari peut y être condamné,
s'il a été le fauteur ou le complice d'un procès intenté ou soutenu de
mauvaise foi. Dans ce dernier cas, il faut que la mauvaise foi soit bien
prouvée.

5. Le mari ne peut en son propre nom, en se portant fort pour la
femme, ni au nom de celle-ci, intenter un procès quelconque, car il
est de principe en France que nul ne plaide par procureur, si ce n'est
le roi.

6. L'art. 1450 s'applique à ce régime, et par suite le mari est responsable du prix des biens vendus par la femme séparée, soit qu'il ait
profité de ce prix, soit qu'ayant autorisé la femme ou ayant assisté au
contrat, il n'ait pas veillé au remploi (M. Bellot des Minières, vol. IV,
p. 302).

7. Enfin, d'après l'art. 217, la femme ne peut faire valablement des acquisitions, sans autorisation. L'acquisition faite par la femme est donc nulle, quand même il n'y aurait eu aucune lésion; en sorte que, si la chose vient à périr par cas fortuit, elle périt pour le compte de celui qui l'avait vendue, sans que la femme puisse être obligée à en payer le prix.

Cependant, nous croyons que l'acquisition est valable, lorsqu'il s'agit d'objets indispensables pour une bonne administration.

# INSTRUCTION CRIMINELLE.

---

## DE LA DÉTENTION EN GÉNÉRAL ET DE SES DIFFÉRENTES ESPÈCES EN PARTICULIER.

---

La détention en matière de Droit criminel est l'état de l'homme privé de sa liberté, soit par force, soit par autorité de justice.

La détention résultant de la force est appelée arbitraire; elle a lieu quand on détient quelqu'un contrairement à la loi.

Celle par autorité de justice est ou bien une peine afflictive et infamante, définie par l'art. 20 du Code pénal, ou bien elle est préventive et résulte alors des mandats d'amener, d'arrêt et de dépôt.

Nous n'aurons à nous occuper ici que de la détention préventive et de la détention arbitraire.

### § 1er. De la détention préventive.

La détention préventive est l'état de séquestration dans lequel un individu a été placé avant son jugement.

L'arrestation préventive frappe, dans bien des points et de bien des manières, le prévenu qu'elle atteint : elle le frappe dans sa personne, en lui ôtant la liberté; elle peut le frapper, elle le frappe souvent dans sa fortune, en l'empêchant de vaquer à ses affaires; elle le frappe enfin, et d'une manière plus vive encore, dans sa réputation, dans son honneur, en faisant peser sur lui des soupçons d'une nature fâcheuse, soupçons qu'un acquittement ne purgera pas toujours de la manière la plus complète.

La liberté individuelle étant un droit public garanti aux Français par l'art. 1er de la Constitution du 14 janvier 1852, les restrictions de cette liberté permises par la loi d'instruction criminelle sont des exceptions qui doivent elles-mêmes être interprétées restrictivement. Suivant les principes élémentaires du Droit criminel, le prévenu doit être réputé innocent, s'il ne s'élève contre lui des charges graves; et il ne doit être privé de sa liberté que lorsqu'elle menace la société, ou qu'il existe un danger imminent, qu'il ne prenne la fuite.

« Un des droits les plus chers, une des propriétés les plus précieuses « des citoyens est la liberté individuelle, qui ne doit ni éprouver ni re- « douter aucune atteinte sous la Charte qui la garantit. — La circonspec- « tion des magistrats devra aussi être pour tous les citoyens une sauve- « garde de plus contre des soupçons trop légèrement conçus ou des « désignations indiscrètes qui compromettraient mal à propos la liberté « individuelle » (Circulaire de M. le garde des sceaux, du 10 février 1819).

Le droit d'arrestation préventive appartient dans sa plénitude aux magistrats; les juges d'instruction, et, en cas de flagrant délit, les procureurs de la République l'exercent par les mandats d'amener, de dépôt et d'arrêt; les chambres du conseil et les chambres d'accusation par les ordonnances de prises de corps. Les tribunaux, les juges de paix, les autorités administratives l'exercent aussi par la mainmise immédiate et mesure de police d'audience sur les personnes qui troublent leurs séances et leurs opérations (Code d'inst. crim., art. 509). Les préfets, chefs de police administrative, sont placés sur la même ligne que les procureurs de la République; ils peuvent, dans les mêmes cas, dé-

cerner des mandats d'amener et de dépôt (Inst. crim., art. 10). Mais
ce droit est personnel aux préfets; il ne peut être délégué, à moins que
les fonctions tout entières ne soient déléguées à celui qui remplace le
préfet absent.

Examinons maintenant de plus près les différentes espèces de mandats
que nous avons citées.

### I. *Mandat d'amener.*

Le mandat d'amener est un ordre formel adressé à l'inculpé de se
rendre devant le juge d'instruction, ordre dont l'exécution, en cas de
refus ou de tentative d'évasion, peut être assurée par l'emploi de la
force publique.

Dans les vingt-quatre heures qui suivront l'exécution du mandat
d'amener, le juge d'instruction doit interroger le prévenu, et de l'in-
tervalle de la notification du mandat d'amener à l'interrogatoire, le
prévenu ne doit être déposé ni dans une maison d'arrêt, ni dans une
prison quelconque. Il doit rester sous la garde de l'agent qui a notifié
le mandat, jusqu'à ce que le juge d'instruction, après avoir pris ses
réponses, ait statué sur sa liberté.

Mais ne pourrait-on pas dire que le prévenu se trouve ainsi détenu
en charte privée? Nous ne le pensons pas; d'ailleurs, si on le mettait
en prison, il y aurait infraction à l'art. 609 du Code d'instruction criminelle, et d'après l'art. 617 du même Code, le juge de paix ou tel
autre officier de la police judiciaire serait tenu de le mettre sur-le-
champ en liberté. Il faut agir comme il est prescrit par l'art. 168 de la
loi sur la gendarmerie, du 28 germinal an VI, c'est-à-dire que, « si le
« prévenu ne peut être entendu immédiatement après l'arrestation, il
« pourra être déposé dans l'une des salles de la maison commune, jus-
« qu'à ce qu'il puisse être conduit devant l'officier de police; mais, sous
« quelque prétexte que ce soit, cette conduite ne pourra être différée au
« delà de vingt-quatre heures; l'officier, sous-officier ou gendarme qui
« aurait retenu plus longtemps le prévenu sans le faire comparaître de-

« vant l'officier de police, sera poursuivi criminellement, comme cou-
« pable de détention arbitraire. »

Après avoir fait subir interrogatoire au prévenu, le juge d'instruction peut décerner un mandat d'arrêt contre lui, mais il peut aussi le
mettre en liberté, et, par conséquent, il le doit, si le prévenu s'est entièrement disculpé par ses réponses.

Cette conclusion est une conséquence nécessaire du droit que le prévenu tient de la nature et de la loi positive de pouvoir proposer ses
défenses et faits justificatifs en tout état de cause (M. Bourguignon,
vol. 1ᵉʳ, p. 225).

## II. *Mandat d'arrêt.*

Pour que le juge d'instruction puisse décerner un mandat d'arrêt,
l'art. 94 du Code d'instruction criminelle commande trois conditions :
1° l'interrogatoire du prévenu, pour qu'il puisse se défendre ; 2° les
conclusions du ministère public, pour que, son examen se joignant à
celui du juge d'instruction, on évite autant que possible des méprises
de personnes; 3° des faits de nature à entraîner une peine afflictive
ou infamante, ou un emprisonnement correctionnel. Il faut que le fait
soit grave et un fait n'entraînant, par exemple, qu'une amende ne
suffirait pas. Toutes ces conditions concourant, le prévenu est détenu
dans une maison d'arrêt jusqu'à ce que la chambre du conseil ait statué sur l'instruction.

Outre ces formalités matérielles, extrinsèques que doit contenir le
mandat d'arrêt, l'art. 96 veut encore que ce mandat soit motivé,
motivé en fait par l'indication du fait, modivé en Droit par la citation
précise de la loi qu'on prétend appliquer.

## III. *Mandat de dépôt.*

C'est celui de tous les mandats qui exige le moins de formalités
et qui met le plus en péril la liberté individuelle. A la différence du
mandat d'arrêt, il peut être décerné, 1° d'office et sans conclusions

du ministère public; 2° sans interrogatoire préalable du prévenu,
sans qu'on l'ait mis à même de faire valoir ses moyens de défense;
3° enfin, sans indication ni de motifs de fait, ni de motifs de Droit;
c'est là ce qui résulte des art. 61, 94 et 96 combinés.

Le mandat de dépôt paraît, en général, une superfétation, dont on
conçoit difficilement le concours avec le mandat d'arrêt, à moins que
l'on ne considère comme utile, la facilité avec laquelle il peut être
décerné.

Ce mandat ne devrait être employé que dans les cas où les magistrats
de sûreté pouvaient le décerner autrefois, d'après la loi du 7 pluviôse
an IX. Ainsi lorsque, par exemple, un prévenu est amené devant le
juge d'instruction, si le procureur de la République est absent, em-
pêché, malade, en congé, opérant loin du tribunal, dans ce cas il est
impossible de décerner un mandat d'arrêt; car le mandat d'arrêt exige
impérieusement les conclusions du procureur de la République. Il est
également impossible de décerner un mandat d'amener, car on ne peut
décerner ce mandat contre un prévenu qui se trouve déjà devant le
juge. Il ne reste donc qu'à décerner le mandat de dépôt, sans conclusions préalables, parce que le ministère public est absent; sans interrogatoire, parce qu'il n'y a pas flagrant délit et que le juge ne peut
instruire d'office. Cependant il ne devrait décerner ce mandat que
pour un temps très-court, c'est-à-dire à charge d'interroger, d'instruire,
de procéder dès que la chose sera possible, dès que le procureur de la
République ou son substitut sera présent, et convertir le mandat de
dépôt en mandat d'arrêt, aussitôt que les circonstances lui auront
permis cette conversion. C'est là, ce nous semble, le seul cas dans
lequel on soit légalement autorisé à faire usage de ce mandat.

## §. 2. De la détention arbitraire.

« En exécution des art. 77, 78, 79, 80, 81 et 82 de l'acte du 13 dé-
cembre 1799 (dit l'art. 615 du Code d'instruct. crim.), quiconque aura

connaissance qu'un individu est détenu dans un lieu qui n'a pas été destiné à servir de maison d'arrêt, de justice ou de prison, est tenu d'en donner avis au juge de paix, au procureur de la République ou à son substitut, ou au juge d'instruction, ou au procureur général près la Cour d'appel. »

Les dispositions des articles que je viens de citer sont tellement claires et précises que tout développement me semble inutile. Toutefois, il est nécessaire d'établir une distinction en ce qui concerne le flagrant délit, car dans ce cas ces dispositions ne sont pas applicables.

Il y a flagrant délit : 1° lorsque le crime se commet actuellement; 2° lorsqu'il vient de se commettre; 3° lorsque le prévenu est poursuivi par la clameur publique; 4° lorsqu'il est trouvé saisi d'effets, armes ou instruments ou papiers, faisant présumer qu'il est auteur ou complice, pourvu que ce soit dans un temps voisin du délit; 5° lorsque le chef d'une maison dans laquelle un crime ou un délit a été commis, requiert la police judiciaire de le constater.

Cependant le flagrant délit ne met la police judiciaire en mouvement et ne lui attribue des pouvoirs extraordinaires que dans les deux cas suivants : 1° lorsque le fait est de nature à entraîner une peine afflictive ou infamante; 2° lorsqu'il y a réquisition d'un chef de maison, et lors même, dans ce dernier cas, que le fait n'entraînerait qu'une peine correctionnelle.

D'après l'art. 106 du Code d'instruction criminelle, non-seulement les dépositaires de la force publique, mais toute personne est tenue de saisir le prévenu surpris en flagrant délit, et de le conduire devant le procureur de la République, sans qu'il soit besoin de mandat d'amener, si le crime ou délit emporte peine afflictive ou infamante.

Maintenant, quel est le moyen de faire cesser une détention arbitraire, et quelle est la peine attachée à ce crime?

Nous avons déjà dit que toute personne doit donner avis aux magistrats de l'arrestation arbitraire dont elle a connaissance; mais ce qu'il est nécessaire d'ajouter, c'est que le fonctionnaire public auquel la

6

dénonciation est faite ne doit pas perdre un moment pour agir. A l'instant même il doit se transporter sur le lieu où la personne arrêtée est détenue, et la faire mettre en liberté, à moins qu'il ne soit allégué contre elle quelque cause légale de détention; mais alors la personne détenue doit être conduite devant le magistrat compétent.

Quant aux peines encourues par les personnes coupables de détention arbitraire ou de séquestration des personnes, elles sont réglées par les art. 119, 341, 342, 343 et 345 du Code pénal.

Vu par le professeur soussigné, Président de la thèse,

*Strasbourg, le 5 août 1852.*

AUBRY.